Thomas Hegel

DAS ICH IN MIR

EIN WEGWEISER

Impressum

Bibliografische Information der Deutschen Nationalbibliothek:

Die Deutsche Nationalbibliothek verzeichnet diese Publikation in der Deutschen Nationalbibliografie; detaillierte bibliografische Daten sind im Internet über http://dnb.dnb.de abrufbar.

Verlag: BoD · Books on Demand GmbH, Überseering 33, 22297 Hamburg, bod@bod.de

Druck: Libri Plureos GmbH, Friedensallee 273, 22763 Hamburg

ISBN: 978-3-8192-3002-8

DAS ICH IN MIR

Inhaltsverzeichnis:

Kapitel 1: Der Mensch ist nicht fürs Alleinsein gemacht

Wir kommen nicht allein auf die Welt und wir sind auch nicht dafür gemacht, allein durchs Leben zu gehen. Der Mensch braucht Nähe, braucht Austausch, braucht Verbindung. Das ist kein Zeichen von Schwäche, sondern im Gegenteil. Es ist vielmehr ein Ausdruck von menschlicher Stärke. Ich habe im Laufe meines Lebens viele Wege eingeschlagen. Manche davon führten in Beziehungen voller Licht, andere durch dunkle Täler, in denen ich mich selbst kaum noch gespürt habe. Doch in all diesen Erfahrungen ist mir eines klar geworden, der Wunsch nach Verbundenheit ist keine Schwäche, er ist unsere Natur. Wir leben in einer Zeit, in der Unabhängigkeit oft als höchstes Gut dargestellt wird. Stärke bedeutet, alles allein zu schaffen. Aber das ist ein Trugschluss. Wahre Stärke liegt nicht im Rückzug, sondern im Mut zur Nähe. In der Fähigkeit, sich zu öffnen, ehrlich zu sein, und trotzdem aufrecht zu stehen. Viele Männer, besonders im reiferen Alter erleben eine Phase, in der sie sich fragen, war das schon alles, oder was noch möglich ist. Nicht selten entstehen diese Fragen aus innerer Leere, die selbst dann bleibt, wenn äußerlichscheinbar alles funktioniert: Job, Haus, vielleicht sogar eine Familie. Und trotzdem fehlt etwas. Dieses ist oft kein Besitz, kein Ziel, sondern ein Gefühl, das Gefühl, wirklich gesehen und angenommen zu sein. Ein Mensch allein kann viel erreichen, aber ein Mensch im Zusammenleben mit einem Anderen in echter, aufrichtiger Verbindung, kann sich selbst erkennen. Beziehung ist nicht nur Nähe zum anderen, sie ist ein Spiegel für das eigene Ich. Wenn ich heute auf mein Leben zurückblicke, erkenne ich, dass ich die tiefsten Einsichten nicht in den Momenten der Einsamkeit gewonnen habe, sondern im Zusammensein, in der Reibung, in der Offenheit, in der Zärtlichkeit und in der Begegnung mit einem Gegenüber, das mich nicht verändern wollte, sondern mir erlaubt hat, ich selbst zu sein. Eine Beziehung ist kein Selbstläufer, sie braucht Mut, Klarheit und die Bereitschaft, auch an den eigenen Wunden zu arbeiten, ohne dabei den anderen verantwortlich zu machen. Wir wachsen nicht trotz Beziehungen, wir wachsen durch Beziehungen. Oder wir erkennen zumindest, wo wir stehen. Der erste Schritt zum erfüllten Zusammenleben beginnt nicht beim Anderen, sondern bei dir selbst. Wo stehst du gerade? Was bist du bereit zu geben? Und was brauchst du wirklich? Diese Fragen sind kein

Zeichen von Unsicherheit, sie sind der Beginn deiner inneren Wahrheit.

Kapitel 2: Das Leben ist wie ein Kochrezept

Das Leben ist wie ein gutes Rezept. Es braucht Zutaten, Sorgfalt, Leidenschaft, und manchmal auch eine Prise Mut und was am Ende dabei herauskommt, hängt nicht nur vom Rezept selbst ab, sondern von der Art, wie wir es umsetzen. Stell dir vor, du betrittst deine eigene Küche, die Küche deines Lebens. Dort liegen die Zutaten bereit: deine Stärken, deine Schwächen, deine Erfahrungen, deine Sehnsüchte. Manche sind frisch und voller Energie, andere haben schon ein paar Macken. Und dennoch, alles, was du brauchst, ist da. Der eine mag es scharf, der andere mild. Der eine liebt Struktur, der andere das Unvorhersehbare. So ist es auch in Beziehungen, es gibt kein Standardrezept für Glück, nur individuelle Vorlieben, Verträglichkeit und Varianten. Bevor eine Beziehung beginnt, wählen wir, bewusst oder unbewusst, unsere Zutaten. Wir gehen auf den Markt des Lebens, schauen uns um. Was zieht mich an? Was brauche ich? Was reizt mich, und was tut mir gut? Am Anfang steht oft das Visuelle, das, was wir sehen, was uns fesselt. Danach kommt das Interesse, die Vorstellung, wie etwas wohl schmecken könnte. Ist es die Reife, die Tiefe und Erfahrung mit sich bringt? Oder die Frische, die Leichtigkeit, das Unverbrauchte? Wir probieren, wir kosten und wir entscheiden, ob etwas Teil unseres Gerichts wird, oder eben nicht. Wer kocht, der weiß, ohne Vorbereitung geht es nicht. So ist es auch mit dem Leben, wer sich selbst kennt, seine Zutaten kennt, seine Vorlieben, seine Unverträglichkeiten, der wird ein stimmigeres Ergebnis erhalten. Doch auch das beste Rezept braucht Spielraum, vielleicht verträgst du heute Schärfe besser als früher. Vielleicht brauchst du heute mehr Würze, weil dein Leben zu lange fad geschmeckt hat. Und vielleicht erkennst du, dass du dein Gericht für niemand anderen kochen musst, sondern in erster Linie für dich selbst. In Beziehungen bedeutet das, geh nicht mit der Erwartung in die Verbindung, dass der andere dein Leben abschmeckt, sei bereit, gemeinsam zu würzen, aber bleibe deinem Geschmack treu. Du darfst nachwürzen, du darfst verändern, aber du solltest nicht das ganze Rezept wegwerfen, nur weil ein Gang misslungen ist, denn auch das gehört zum Leben. Nicht jeder Tag ist ein Festmahl, aber jeder Tag ist eine Chance, es besser zuzubereiten.

Kapitel 3: Optimismus, der innere Kompass

Optimismus ist mehr als nur positives Denken, es ist eine Lebenseinstellung, ein innerer Kompass, der dir auch dann deine Richtung gibt, wenn der Weg unklar ist. Viele Menschen denken, Optimismus sei Naivität oder Schönfärberei, doch das Gegenteil ist der Fall: Ein echter Optimist sieht die Realität, und entscheidet sich trotzdem für die Hoffnung. Nicht weil er blind ist, sondern weil er weiß, dass das Licht immer existiert, selbst hinter den dunkelsten Wolken. Optimismus bedeutet, in Herausforderungen Möglichkeiten zu sehen. Wenn etwas schiefläuft, fragt der Optimist nicht „warum ich?", sondern „was jetzt?" Es ist diese Haltung, die den Unterschied macht. Nicht das Vermeiden von Problemen, sondern der konstruktive Umgang mit ihnen. Nicht das Ausblenden von Schmerz, sondern die Entscheidung, nicht darin stecken zu bleiben. In einer Beziehung ist Optimismus oft der Klebstoff, der auch schwierige Zeiten übersteht. Wer glaubt, dass es besser werden kann, investiert in das Miteinander. Wer dieHoffnung nicht verliert, wird Wege finden, die vorher unsichtbar waren. Optimismus ist nicht immer laut, er muss nicht jubeln, nicht lachen, nicht tanzen. Manchmal ist er still, und doch kraftvoll. Ein inneres Nicken, ein leises

„Ich schaffe das." und Optimismus ist trainierbar, je häufiger du dich bewusst dafür entscheidest, desto stärker wird er Teil deines Denkens. Beginne Klein, stelle dir am Morgen eine gute Frage: „Worauf freue ich mich heute?", lenke deinen Blick auf das, was funktioniert, nicht nur auf das, was fehlt., umarme Fehler als Lektionen, nicht als Niederlagen. So wie ein Muskel wächst, wenn er regelmäßig gefordert wird, so wächst auch dein Optimismus und mit jedem Schritt wirst du merken, du gehst aufrechter und wirst klarer. Du ziehst andere an, die dein Licht erkennen. Optimismus ist ansteckend und er macht stark. Für dich, und für alle, die mit dir durchs Leben gehen.

Kapitel 4: Vergangenheit, Narben und Dankbarkeit

Unsere Vergangenheit hinterlässt Spuren, in unserem Herzen, in unserem Denken, in unseren Entscheidungen. Manche dieser Spuren sind zart wie Fußabdrücke im Sand, andere tief wie Narben auf der Haut. Doch alle haben eines gemeinsam, sie gehören zu uns. Wir neigen oft dazu, unsere Vergangenheit zu bewerten, in gut und schlecht, in richtig und falsch, doch das Leben ist kein

Prüfungssystem, es ist eine Entwicklung und jede Erfahrung, die wir gemacht haben, ob schmerzhaft oder schön, hat uns zu dem Menschen gemacht, der wir heute sind. Narben sind kein Makel, sie sind Zeichen von Heilung. Sie zeigen, dass etwas wehgetan hat, dass wir verwundbar waren und dass wir trotzdem weitergegangen sind. Ein Mensch ohne Narben ist ein Mensch ohne Tiefe, vielleicht sogar ohne Geschichte. Ich habe viele dieser Spuren gesammelt, manche trage ich sichtbar im Blick, andere nur in meinem Inneren. Es gab Momente, in denen ich mich gefragt habe: Warum musste ich das erleben? Warum dieser Verlust, diese Enttäuschung, dieser Umbruch? Doch heute weiß ich, nicht die Frage „Warum" bringt mich weiter, sondern die Haltung "Wofür war das gut?" Dankbarkeit ist der Schlüssel, nicht für das Leid an sich, sondern für das, was ich daraus lernen durfte. Für die Kraft, die ich dadurch entwickeln konnte. Für die Klarheit, die sich daraus geformt hat. Es braucht Mut, sich der eigenen Vergangenheit ehrlich zu stellen, aber es braucht noch mehr Mut, sie anzunehmen, und als Teil seiner eigenen Kraftquelle zu begreifen. Denn am Ende sind es nicht nur die Sonnenstrahlen, die uns wachsen lassen, auch der Sturm formt unsere Wurzeln. Auch der Schmerz schärft unsere Sinne.

Auch die Nacht lässt uns das Licht erkennen, wenn du deine Vergangenheit annimmst. Verzeihst du dir selbst und anderen, dann wird aus Schmerz Weisheit, aus Chaos Struktur, aus Reue Frieden. Die Vergangenheit ist kein Ballast, wenn du lernst, sie als Lehrmeister zu sehen und mit dieser Sicht wirst du spüren. Du bist nicht gebrochen, sondern du bist geformt und dafür darfst du dankbar sein.

Kapitel 5: Beziehung heißt Entwicklung

Viele glauben, dass eine Beziehung das Ziel sei, ein sicherer Hafen, den man irgendwann erreicht. Doch das ist ein Trugschluss. Beziehung ist nicht das Ziel, sie ist der Weg. Und auf diesem Weg geht es um Entwicklung, persönlich, gemeinsam, lebendig. In einer echten Beziehung wachsen wir, wir sehen nicht nur den Anderen, sondern auch uns selbst klarer. Wir begegnen unseren Ängsten, unseren Hoffnungen, unseren Mustern und wir erkennen, der Andere ist kein Lückenfüller, sondern ein Spiegel. Entwicklung in der Beziehung bedeutet nicht, dass immer alles leicht ist, im Gegenteil, gerade in der Reibung entsteht Tiefe. Gerade im Streit wächst Verstehen, gerade in der Herausforderung wird Vertrauen geprüft und gestärkt.

Wer sich in einer Beziehung nicht weiterentwickelt, bleibt stehen und Stillstand ist oft der Anfang vom Ende. Doch was heißt Entwicklung konkret? Es bedeutet, bereit zu sein, den Anderen zu sehen, wirklich zu sehen, hinter seinen Worten, hinter seiner Fassade, hinter seiner Geschichte. Es heißt, auch sich selbst ehrlich zu betrachten, wie reagiere ich? Wo bin ich verletzlich? Wo kann ich wachsen? Entwicklung heißt, sich immer wieder neu zu begegnen. Nicht als die Person von gestern,sondern als die Version von heute. Beziehung ist kein statisches Konstrukt, sie ist wie ein Tanz, mal synchron, mal suchend, aber immer in Bewegung und wenn beide bereit sind, diesen Tanz zu tanzen, ehrlich, mutig und mit offenem Herzen, dann wird aus Beziehung etwas Großes: **eine gemeinsame Entwicklungsgeschichte** nicht immer perfekt,nicht immer gerade, aber echt. Und am Ende vielleicht genau das, was beide gesucht haben, nicht Vollkommenheit, sondern **Wachstum in Verbundenheit**

Kapitel 6: Die Ehe, Versprechen oder Wirklichkeit?

Die Ehe, für viele ist sie das große Ziel, der Moment, in dem zwei Menschen sich ein Versprechen für immer geben, in guten wie in schlechten Zeiten. Ein Ideal, getragen von Hoffnung, Liebe und der Sehnsucht nach Beständigkeit. Doch was bedeutet dieses Versprechen wirklich, im Alltag, in der Realität, im Wandel der Zeit? Ich selbst habe die Ehe nicht nur einmal erlebt. Ich kenne ihre Höhen, ihre Schatten, ihre Widersprüche. Ich weiß, wie aufrichtig das „Ja" gemeint sein kann, und wie schwer es manchmal ist, es durch alle Lebensphasen hindurch zu leben. Ehe ist kein Garant für Glück, sie ist ein Rahmen, gefüllt mit dem, was beide hineinlegen. Und dieser Rahmen ist nicht starr, er dehnt sich, er wankt, er muss gepflegt werden. Manchmal trägt er und manchmal engt er ein. Viele Menschen sehen die Ehe als Ziel, doch sie ist nur der Anfang. Das wahre Abenteuer beginnt nach der Hochzeit, wenn das Leben dazwischenkommt, wenn der Alltag einkehrt, wenn Probleme entstehen und Erwartungen nicht erfüllt werden, erst dann zeigt sich, ob diese Versprechen nur leere Worte waren, oder ob sie Wurzeln geschlagen haben. Die Ehe ist nicht der Ort, an dem man aufhört zu wachsen, sondern einer, an dem man weiterwachsen sollte, mit dem anderen, an sich selbst. Und manchmal auch nebeneinander, ohne sich zu verlieren. Eine starke Ehe besteht nicht aus ständiger Harmonie, sondern aus der Fähigkeit, Uneinigkeit zuzulassen und trotzdem verbunden zu bleiben. Sie besteht nicht aus Kontrolle, sondern aus Vertrauen, nicht aus Anpassung, sondern aus Entwicklung. Ehe ist Arbeit und Liebe, eine Entscheidung, immer wieder neu. Sie ist also Wirklichkeit oder Illusion? Vielleicht ist sie beides. Sie ist ein Ideal, welches durch Menschen Wirklichkeit werden kann. Nicht perfekt, aber echt, nicht fehlerfrei, aber tief und genau darin liegt ihre Schönheit.

Kapitel 7: Kommunikation, die Macht der Worte

Worte sind wie Werkzeuge, sie können verbinden oder verletzen, klären oder verwirren, aufbauen oder zerstören. Kommunikation ist nicht nur das, was wir sagen, sondern vor allem, wie wir es sagen, und zu welchem Zeitpunkt. In jeder Beziehung, ob Partnerschaft, Freundschaft oder Familie, ist Kommunikation das

Fundament. Ohne sie bleibt alles Interpretation, ohne sie entstehen Missverständnisse, ohne sie wird Nähe unmöglich. Die meisten Konflikte entstehen nicht, weil Menschen unterschiedliche Meinungen haben, sondern weil sie sich nicht richtig verstehen. Ich habe gelernt, dass es oft nicht die Inhalte sind, die zum Beispiel verletzen, sondern einfach nur der Ton, die Art, wie etwas gesagt wird, die Haltung dahinter. Du bist nie für mich da." klingt ganz anders als: „Ich fühle mich manchmal allein und wünsche mir mehr Nähe von dir." Worte können Mauern bauen, oder Türen öffnen. Sie können Schuld zuweisen, oder Verantwortung übernehmen. Gute Kommunikation beginnt mit einem einfachen, aber mutigen Schritt: **sich selbst ehrlich mitzuteilen** nicht aus Angriff, sondern aus Verbindung. Es hilft, die eigenen Gefühle in Worte zu fassen, statt Vorwürfe zu machen, zu sagen: „Ich bin traurig", statt: „Du bist schuld." Auch Timing ist Teil guter Kommunikation, nicht jedes Thema muss sofort geklärt werden, manchmal ist es klüger, zu warten, bis beide offen sind und manchmal ist es stärker, zu schweigen, als aus Wut zu sprechen. Doch Kommunikation ist nicht nur Reden, sondern auch Zuhören, echtes Zuhören heißt Verstehen wollen, nicht nur antworten. Wenn zwei Menschen sich gegenseitig Raum geben, wenn sie ehrlich und respektvoll sprechen, wenn sie sich auch in schwierigen Momenten nicht verlieren, dann entsteht etwas Wertvolles **Verbindung durch Sprache. Vertrauen durch Worte. Nähe durch Ehrlichkeit** Kommunikation ist ein täglicher Weg und jeder, der ihn geht, wird belohnt, mit echtem Verständnis und mit Liebe, die trägt.

Kapitel 8: Mentalitäten, wenn Welten aufeinandertreffen

In einer globalisierten Welt treffen immer häufiger Menschen mit unterschiedlichen kulturellen Hintergründen aufeinander. Das gilt auch, oder vielleicht gerade, für Beziehungen. Was früher selten war, ist heute Alltag, Partnerschaften zwischen Menschen, die in völlig unterschiedlichen Welten aufgewachsen sind. Ich selbst habe diese Erfahrung gemacht und ich weiß, wie bereichernd, aber auch herausfordernd solche Verbindungen sein können. Mentalitäten sind mehr als nur Gewohnheiten oder Traditionen, sie sind tief verankerte Denkmuster. Sie beeinflussen, wie wir lieben, wie wir kommunizieren, wie wir streiten, wie wir Nähe zeigen. In vielen Fällen prallen dabei nicht nur Sprachen aufeinander, sondern auch Werte, Rollenbilder, Rituale., Der eine legt Wert auf Pünktlichkeit, Struktur, Klarheit, der andere auf Flexibilität, Spontaneität, Gefühl. Beides hat seine Berechtigung, aber es kann schnell zu Missverständnissen führen, wenn zwei Mentalitäten aufeinandertreffen, braucht es mehr als nur Toleranz. Es braucht echtes Interesse, den Willen, zu verstehen, nicht zu bewerten, sondern zu erkennen, *Der andere ist nicht falsch, sondern anders* Solche Beziehungen sind oft wie Brücken, sie verbinden nicht nur zwei Menschen, sondern auch zwei Lebenswelten und das braucht Geduld, Offenheit und die Bereitschaft, sich selbst immer wieder neu zu hinterfragen. Wer glaubt, der andere müsse sich anpassen, verfehlt das Ziel, genauso wie der, der sich selbst verliert, um dem anderen zu gefallen. Die Kunst liegt darin, Unterschiede zu respektieren, und trotzdem eine gemeinsame Basis zu finden, nicht jeder Unterschied muss überwunden werden. Aber er muss verstanden werden, eine Beziehung zwischen verschiedenen Mentalitäten kann außergewöhnlich reich sein, wenn beide Partner bereit sind, zu lernen, über sich, den anderen und das Leben, denn in der Vielfalt liegt nicht nur Spannung, sondern auch die

Chance auf echtes Wachstum. Und wer einmal erlebt hat, wie zwei unterschiedliche Herzen gemeinsam schlagen, weiß Liebe kennt keine Nationalität, sie kennt nur Verbindung.

Kapitel 9: Alltag und Beziehung, zwischen Routine und Liebe

Am Anfang jeder Beziehung stehen Aufregung, Neugier, Schmetterlinge, alles ist neu, leicht, voller Möglichkeiten. Man hört einander zu, sieht sich an, achtet auf Details, man investiert, in die Verbindung, in das Wir. Doch irgendwann kommt er, der Alltag, er kommt schleichend oder plötzlich, mit Terminen, Verpflichtungen und er verändert die Dynamik einer Beziehung. Plötzlich geht es nicht mehr nur um Nähe, sondern auch um Organisation, nicht nur um Liebe, sondern auch um Funktion und manchmal verliert man sich dabei, ohne es zu merken. Der Alltag ist keine Bedrohung, aber eine Prüfung, er zeigt, wie tragfähig eine Beziehung wirklich ist, wie viel echte Verbindung hinter dem romantischen Anfang steckt. Routine kann beruhigend sein, oder lähmend, sie kann Stabilität geben, oder zur Gewohnheit verkommen und genau hier liegt die

Herausforderung: **Wie schaffen wir es, im Alltag die Liebe lebendig zu halten?** Es beginnt mit kleinen Gesten, ein echtes „Wie geht's dir?", ein bewusstes Lächeln, ein Moment der Berührung, nicht aus Gewohnheit, sondern aus Absicht. Es geht darum, nicht alles selbstverständlich zu nehmen, sondern darum, dem Anderen immer wieder zu zeigen: *Ich sehe dich, ich schätze dich* Auch Humor hilft, denn wer miteinander lachen kann, verliert sich nicht so schnell aus den Augen. Kommunikation, gerade im Alltag ist es wichtig, im Gespräch zu bleiben, auch über scheinbar nebensächliche Dinge. Die Balance zwischen Nähe und Freiraum, zwischen Plan und Spontanität, zwischen Funktion und Gefühl, das ist die wahre Kunst im Alltag. Beziehung im Alltag heißt nicht, immer gleich zu fühlen, es heißt, gemeinsam durch Phasen zu gehen, auch durch müde, stressige und schweigsame Tage und trotzdem verbunden zu bleiben. Liebe ist kein Dauerfeuerwerk, aber sie ist das Licht, das auch durch graue Tage scheint, wenn man sie pflegt und manchmal braucht es nur einen Moment, einen Blick, ein ehrliches Wort, eine kleine Erinnerung an das große Gefühl, dann wird selbst der Alltag wieder lebendig.

Kapitel 10: Gewohnheiten und Bedürfnisse, was uns wirklich lenkt

Unser Leben ist geprägt von Gewohnheiten. Sie geben Struktur, Sicherheit, Orientierung. Wir stehen morgens auf, machen unseren Kaffee, gehen zur Arbeit, checken unser Handy, oft, ohne bewusst darüber nachzudenken. Doch was ist eigentlich eine Gewohnheit? Es ist etwas, das wir so oft wiederholt haben, dass es sich automatisiert hat. Es braucht keine bewusste Entscheidung mehr, es läuft, ob wir wollen oder nicht. Genau darin liegt die Kraft, aber auch die Gefahr, denn nicht jede Gewohnheit dient uns, manche halten uns klein, manche hindern uns am Wachstum und manche passen nicht mehr zu dem Menschen, der wir heute sind. Wenn wir immer nur so handeln, wie wir es „gewohnt" sind, dann geben wir unser Leben ab an das, was einmal Sinn gemacht hat, aber vielleicht längst überholt ist. Deshalb ist es so wichtig, regelmäßig innezuhalten und zu fragen: **Welche meiner Gewohnheiten tun mir gut, und welche rauben mir Kraft** Gleichzeitig leben wir nicht nur aus Gewohnheit, sondern auch aus Bedürfnis, Bedürfnisse sind tiefer, sie sind die inneren Motoren unseres Handelns, das Bedürfnisnach Nähe, nach Freiheit. Nach

Anerkennung, nach Sicherheit und nach dem Sinn. Wenn unsere Bedürfnisse dauerhaft übergangen werden, leiden wir, manchmal spüren wir das körperlich, durch Müdigkeit, Unruhe, Krankheit, manchmal emotional, durch Rückzug, Gereiztheit, Leere. Es ist ein Akt der Selbstfürsorge, sich seiner eigenen Bedürfnisse bewusst zu werden und ein Akt der Reife, sie klar zu kommunizieren, in Beziehungen, im Beruf, im Leben. Doch oft verwechseln wir Bedürfnisse mit Erwartungen, wir wollen, dass andere uns etwas geben, was wir uns selbst nicht zugestehen, doch Verantwortung heißt: **Ich erkenne mein Bedürfnis und übernehme selbst die Verantwortung, es zu erfüllen**Gewohnheiten ändern sich, wenn Bedürfnisse klar werden. Denn dann handeln wir nicht mehr aus Automatismus, sondern aus Bewusstsein und der Weg dahin beginnt mit Fragen: Was brauche ich wirklich? Was tut mir gut? Was lasse ich los? Und am Ende steht eine neue Freiheit, ein Leben, das nicht von alten Mustern gesteuert wird, sondern von echtem, selbstbestimmtem Sein. Dafür lohnt es sich, alte Wege zu verlassen und neue zu gestalten.

Kapitel 11: Die Zeit vergeht und was wirklich zählt

Die Zeit, sie ist das Einzige, was uns allen gleich gegeben ist und doch fühlt sie sich für jeden anders an. Manchmal fliegt sie, manchmal steht sie still und manchmal fragt man sich, wo ist sie nur geblieben? Mit jedem Tag, der vergeht, werden wir älter, reifer, bewusster und genau darin liegt der Wert, nicht in der Menge der Jahre, sondern in dem, was wir daraus gemacht haben. Früher dachte ich oft: *„Wenn ich erst einmal…"* Wenn ich erst den richtigen Job habe, die richtige Beziehung, das richtige Leben. Doch das Leben wartet nicht, es findet statt, **jetzt** Die Kunst liegt darin, nicht auf ein Morgen zu hoffen, das nie kommt, sondern das Heute bewusst zu leben. Nicht in Eile, aber in Echtheit. Was wirklich zählt, zeigt sich nicht im Besitz, nicht in der Meinung anderer, sondern im Gefühl, das bleibt. War ich mir selbst treu? Habe ich geliebt? Habe ich gelebt? Die Zeit bringt vieles mit sich, Veränderung, Abschied, Begegnung, Wachstum, aber sie nimmt auch die Möglichkeiten, wenn wir sie nicht ergreifen, Chancen, wenn wir zögern, Nähe, wenn wir schweigen und deshalb glaube ich, es sind nicht die großen Entscheidungen, die unser Leben bestimmen, sondern die vielen kleinen, die wir oft gar nicht bemerken. Ein Lächeln, ein Gespräch, ein Schritt. Heute, nicht irgendwann. Am Ende zählt nicht, wie alt du bist, sondern **wie lebendig du warst**und vielleicht ist das die größte Erkenntnis, dass Zeit nicht vergeht, sondern dass wir entscheiden, was wir aus ihr machen. Also frage dich, was willst du heute leben, sagen, lieben, tun? Denn morgen ist heute schon Geschichte.

Kapitel 12: Die Traumfrau, Wunschbild oder Realität?

Jeder von uns trägt ein Bild in sich, eine Vorstellung von der perfekten Partnerin, der sogenannten Traumfrau. Vielleicht kommt sie aus Filmen, aus alten Träumen, aus dem Gefühl von etwas, das einmal war. Vielleicht ist sie eine Mischung aus Werten, Aussehen, Klang, Tiefe, ein Bild, das wir im Herzen tragen, doch die Frage ist, gibt es sie wirklich? Oder suchen wir in Wahrheit nur nach uns selbst, gespiegelt im anderen? Ich habe oft geglaubt, sie gefunden zu haben und ich habe oft erkannt, dass ich mich in meiner eigenen Vorstellung verirrt hatte. Denn die Traumfrau ist nicht perfekt. Sie ist echt, sie hat Macken, Zweifel, Wünsche, sie lacht manchmal an

Stellen, die ich nicht verstehe und schweigt, wo ich reden möchte. Und genau darin liegt ihr Zauber, sie ist nicht gemacht, sie ist gewachsen. Die echte Verbindung entsteht nicht durch Übereinstimmung in allem, sondern durch Echtheit in den entscheidenden Momenten. Die Traumfrau erkennt man nicht am ersten Eindruck, sondern an dem Gefühl, das bleibt, an der Ruhe, die sie bringt, an der Tiefe, die sie zulässt, an der Freiheit, die sie gibt. Sie fordert nicht, sie inspiriert, sie kämpft nicht, sie berührt, sie erwartet nicht, sie sieht und manchmal, ja manchmal, taucht sie auf, wenn man sie längst nicht mehr sucht. Weil man endlich offen ist für das, was echt ist, nicht für das, was idealisiert war. Die Traumfrau ist nicht makellos, sondern mutig, nicht laut, aber klar, nicht perfekt, aber passend. Vielleicht ist sie nicht die Frau deiner Träume., sondern die Frau, mit der du das Leben endlich wirklich träumst, denn echte Verbindung beginnt nicht mit Erwartungen, sondern mit Begegnung.

Kapitel 13: Entscheidung, der Mut zur eigenen Richtung

Im Leben gibt es viele Kreuzungen, Wege, die sich öffnen, Wege, die enden und an jeder dieser Kreuzungen steht dieselbe Frage: **Wohin willst du gehen?** Entscheidungen formen unser Leben mehr als alles andere. Nicht die Umstände, nicht das Glück und nicht andere Menschen, sondern unsere Entscheidungen. Und doch fällt es vielen so schwer, sich zu entscheiden, warum? Weil jede Entscheidung auch eine Tür schließt, weil sie Mut braucht und das Risiko, sich zu irren. Ich kenne das nur zu gut, man steht da, sieht beide Wege und zögert. Was, wenn es der falsche ist? Was, wenn ich bereue? Aber das wahre Risiko ist nicht die falsche Entscheidung, sondern **gar keine zu treffen** denn wer stehen bleibt, kommt nicht weiter und wer anderen die Entscheidung überlässt, gibt sich selbst auf. Es gibt keine Garantie im Leben. Aber es gibt ein inneres Gefühl, das sagt: *Hier lang* ein Impuls, ein Bauchgefühl, ein tiefes Wissen, oft leise, aber ehrlich. Ich habe gelernt, nicht der sichere Weg bringt am meisten, sondern der, der mich lebendig macht. Entscheidung heißt nicht, dass alles sofort klar ist, es heißt nur: **Ich übernehme die Richtung** ich bin bereit, Fehler zu machen, aber ich will es wenigstens selbst gewesen sein. Denn selbst ein Umweg in eigener Verantwortung ist besser als ein Weg, den ich nur gegangen bin, um Erwartungen zu erfüllen.

Entscheidungen verändern uns nicht nur, weil sie das Außen prägen, sondern weil sie uns zeigen, wozu wir fähig sind. Also frage dich, worauf wartest du? Was hält dich? Und was wäre, wenn du dich einfach traust? Der Mut zur Entscheidung ist der erste Schritt in dein eigenes Leben und jeder, der ihn geht, wird stärker, mit jedem weiteren Schritt.

Kapitel 14: Die Ehe 2.0, was wir heute anders verstehen dürfen

Die Ehe, sie galt lange als das höchste Ziel, das festeste Band, der krönende Abschluss einer Beziehung. Ein Versprechen für immer. Ein Bund fürs Leben. Doch was bedeutet Ehe heute in einer Welt, die sich schneller verändert als je zuvor, in einer Zeit, in der Individualität, Selbstverwirklichung und persönliche Entwicklung an Bedeutung gewonnen haben? Ich habe viele Facetten der Ehe erlebt, die Höhen und Tiefen, das Versprechen und den Bruch, die Nähe und die Entfernung und ich habe erkannt: **Ehe ist nicht das Ziel, sondern eine Form des Weges.** Ehe 2.0 bedeutet nicht, dass wir sie abschaffen oder verflachen, es bedeutet, dass wir sie **neu denken** dürfen. Weg vom Zwang, hin zur Entscheidung, weg von starren Rollen und hin zu echter Partnerschaft.

Eine Ehe, die auf Augenhöhe stattfindet, in der beide wachsen dürfen, auch mal auseinander, ohne sich zu verlieren, in der nicht Besitz zählt, sondern Vertrauen, nicht Abhängigkeit, sondern Verbindung. Ehe heißt nicht, nie zu zweifeln, es heißt, trotz Zweifel im Gespräch zu bleiben. Es heißt nicht nur nebeneinander zu leben, sondern gemeinsam innerlich zu wachsen. Die Ehe 2.0 braucht Mut. Mut, sich ehrlich zu zeigen, Mut, sich immer wieder neu füreinander zu entscheiden, den Mut, sich nicht zu verlieren, wenn es schwierig wird. Aber sie schenkt auch Tiefe, denn wer bleibt, obwohl er gehen könnte, bleibt mit vollem Herzen. Wer liebt, obwohl er frei ist, liebt wirklich. Vielleicht geht es nicht um „für immer", sondern um **bewusstes Jetzt** um die Frage: „Wollen wir heute wieder ein WIR sein?" Wenn wir Ehe so verstehen, dann hat sie nicht an Bedeutung verloren, sondern an Tiefe gewonnen.

Kapitel 15: Das Ich in mir, wie ich Frieden finde

Es gibt viele Wege, um im Leben weiterzukommen. Karriere, Partnerschaft, Besitz, Reisen, Erfolg, aber einer dieser Wege ist der tiefste, der ehrlichste und manchmal der schwierigste: **Der Weg zu mir selbst**„Das Ich in mir", was bedeutet das eigentlich? Es ist die Stimme, die oft übertönt wird vom Lärm der Welt. Es ist das Gefühl, das dir sagt, ob du noch richtig liegst. Es ist das stille Wissen in dir, dass du mehr bist als deine Rollen, dein Alltag, deine Vergangenheit. Ich habe vieles erlebt, Höhen, Tiefen, ich habe Fehler gemacht, Chancen genutzt, andere verpasst, aber nichts davon war umsonst.Denn alles hat mich geformt und mir geholfen, mich selbst besser zu erkennen. Der Frieden beginnt nicht im Außen, er beginnt, wenn du dich nicht mehr versteckst, wenn du dich annimmst, mit allem, was war, ist und sein darf. Wenn du erkennst, du musst nichts beweisen, nur du selbst sein. Das Ich in mir ist nicht perfekt. Es hat Zweifel, Narben, Sehnsüchte, aber es hat auch Kraft, Tiefe und Klarheit. Und es will nicht mehr kämpfen, sondern leben. Frieden finde ich, wenn ich aufhöre, mich ständig zu vergleichen, wenn ich erkenne, dass mein Weg mein eigener ist und dass er genauso Sinn macht. Frieden finde ich, wenn ich loslasse was mich klein hält, wenn ich verzeihe, Anderen, vor allem aber mir selbst. Den Frieden finde ich, wenn ich ehrlich bin, mit mir, mit Anderen, wenn ich mir erlaube zu fühlen, zu träumen, zu wachsen, ohne Maske. Das Ich in mir" ist kein

Ziel, es ist ein Zustand, eine Entscheidung, eine Haltung. Es ist der Ort, an dem ich endlich angekommen bin, vielleicht suchst du diesen Ort auch, dann wünsche ich dir Mut, Geduld und das Vertrauen, dass du ihn findest. Denn er ist nicht da draußen, er ist in dir.

Kapitel 16: Die Kunst des Loslassens

Loslassen ist eine der schwierigsten, aber auch eine der besten Übungen im Leben eines Mannes. Es bedeutet nicht aufzugeben, sondern Raum zu schaffen. Raum für Neues, für Entwicklung, für Heilung. Viele Männer klammern, an vergangene Beziehungen, an berufliche Identitäten, an Vorstellungen davon, wer sie sein sollten, doch wahre Stärke zeigt sich oft nicht im Festhalten, sondern im Loslassen. Der Mut, loszulassen, ist der Mut, sich selbst zu vertrauen. Wer loslässt, erkennt, das Leben trägt. Loslassen ist ein Akt der inneren Freiheit und die beginnt nicht im Außen, sondern im Herzen.

Kapitel 17: Wenn Männer heilen

Männer wurden über Generationen hinweg darauf programmiert, hart zu sein. Schmerz zu ignorieren, Gefühle zu vergraben. Doch alles, was wir verdrängen, wirkt in uns weiter und sucht sich irgendwann seinen Weg. Heilung beginnt mit Anerkennung, mit dem Mut, sich seinen Wunden zu stellen, nicht um zu jammern, sondern um zu verstehen. Verletzlichkeit ist keine Schwäche, sie ist der Zugang zur eigenen Menschlichkeit. Ein Mann, der heilt, ist ein Mann, der in seine Kraft kommt. Nicht durch Kampf, sondern durch Annahme.

Kapitel 18: Kraft der Stille

In einer Welt voller Lärm wird Stille zur Seltenheit, und zugleich zur Kraftquelle. Zwischen Reizüberflutung und dem ständigen Streben nach Aufmerksamkeit verliert der Mensch oft den Kontakt zu sich selbst. Doch wer still wird, wer sich bewusst zurücknimmt und den äußeren Trubel verstummen lässt, begegnet sich auf einer tieferen Ebene. In der Stille offenbart sich nicht nur das eigene Denken, sondern auch das eigene Wesen. Dort, wo keine Ablenkung mehr ist, wo kein

Applaus wartet, keine Masken gebraucht werden, dort beginnt echte Begegnung mit dem eigenen Ich. Es ist ein Ort der Wahrheit, manchmal unbequem, manchmal heilend. Denn Stille ist nicht leer, sie ist voll, voll von ungelebten Gefühlen, verdrängten Erkenntnissen, von Klarheit, Einsicht und Wahrheit. In der Stille hören wir wieder, nicht nur mit den Ohren, sondern mit dem Herzen. Wir spüren den inneren Kompass, die Richtung, die längst vorgegeben war, aber übertönt wurde vom Getöse der Außenwelt. Wir erinnern uns an das, was uns wirklich bewegt, was wir verloren glaubten, das eigene Gefühl, die leise Stimme der Seele, den Rhythmus des Herzens. Ein Mann, der die Stille aushält, braucht keine lauten Worte mehr. Er lebt nicht mehr im ständigen Beweis-Modus, er ist da, wach, klar, authentisch. Die Stille hat ihn gelehrt, dass wahre Stärke nicht im Laut sein liegt, sondern im Dasein und dass Tiefe entsteht, wo Worte schweigen, und Bewusstsein wächst.

Kapitel 19: Beziehung ohne Verlust – Lieben, ohne sich selbst zu verlieren

Viele Männer erleben Beziehungen als Herausforderung, nicht weil sie liebesunfähig wären, im Gegenteil. Sondern weil sie oft nicht gelernt haben, Nähe und Selbstwahrnehmung gleichzeitig zu halten. Nähe wird dann schnell als Gefahr erlebt, als mögliche Auflösung der eigenen Identität, als Preis, den man zahlt, um geliebt zu werden. Doch genau hier liegt ein Missverständnis vor und eine große Chance. Liebe ist kein Gegengeschäft, sie ist kein Tauschhandel, bei dem man Teile seiner selbst aufgibt, um dafür Anerkennung, Sicherheit oder Aufmerksamkeit zu bekommen. Liebe ist ein Fluss, ein freier, lebendiger Strom, der nicht kontrolliert werden kann, aber genährt werden will. In einer reifen und gesunden Beziehung gibt es keinen Zwang zur Selbstaufgabe. Niemand muss sich kleinmachen, um Platz für den Anderen zu schaffen. Stattdessen gibt es Raum, Raum für Entwicklung, Raum für Widersprüche, Raum für Wachstum, individuell und gemeinsam. Liebe wird nicht weniger, wenn zwei Menschen sich selbst treu bleiben, sie wird tiefer. Die Voraussetzung dafür ist, sich selbst zu kennen. Denn wer weiß, wer er ist, braucht sich nicht zu verlieren. Wer seine eigenen Bedürfnisse, Werte und Grenzen kennt, kann in Beziehung treten, ohne sich aufzugeben. Man bleibt bei sich, und öffnet sich trotzdem. Das ist keine Schwäche, sondern eine Form innerer Stärke, die Beziehungen auf ein neues

Fundament stellt. Oft wird uns suggeriert, dass Liebe mit Opfer zu tun hat, dass man sich anpassen, zurücknehmen, aufgeben muss. Aber Liebe ist kein Opfergang, sie ist eine Einladung, zur echten Begegnung, zur Wahrhaftigkeit, zur Nähe, die nicht verschlingt, sondern verbindet. In einer reifen Partnerschaft darf jeder ganz sein. Es braucht keine Rollen, kein Taktieren, kein Beziehungsmanagement, sondern nur zwei Menschen, die bereit sind, sich selbst zu zeigen und den Anderen zu sehen. Nicht perfekt, nicht immer harmonisch, aber ehrlich und genau darin liegt die Tiefe. Wer sich selbst nicht kennt, wird sich in der Beziehung verlieren, wer sich selbst kennt, wird in der Beziehung wachsen.

Kapitel 20: Mut zur Verletzlichkeit

Wir Männer wurden dazu erzogen, stark zu sein. Stark im klassischen Sinne, standhaft, kontrolliert, unerschütterlich. Stärke wurde gleichgesetzt mit Durchhalten, Funktionieren, Aushalten, mit einem Bild, das oft mehr mit Härte als mit innerer Kraft zu tun hatte. Wir lernten früh, Tränen zu unterdrücken, Gefühle zu verstecken und Schwäche zu vermeiden, doch dieses Bild von Stärke war einseitig und vor allem verzerrt. Es zeigte Muskeln, Macht, Unabhängigkeit, aber es verschwieg Herz. Es blendete Tränen aus, es schwieg über Angst, Zweifel, Schmerz. Dabei liegt gerade darin eine andere, tiefere Form von Stärke, im Mut, sich zu zeigen. Nicht als unantastbarer Fels, sondern als fühlender Mensch. Mut zur Verletzlichkeit ist Mut zur Echtheit. Es bedeutet, sich mit allem zu zeigen, was man ist, auch mit dem, was weh tut, mit dem, was man lange versteckt hat, denn nur wer sich zeigt, kann wirklich gesehen werden und nur wer gesehen wird, kann echte Verbindung erleben. Der Weg zu wahrer Männlichkeit führt nicht über Masken, über Rollen oder äußeren Schein, er führt über das wahre Gesicht, über das Annehmen der eigenen Tiefe, über das Eingeständnis. Ich habe Gefühle, ich habe Ängste, ich habe Wunden und gerade das macht mich menschlich. Eine echte Männlichkeit hat nichts mit Kälte zu tun, sie lebt von Klarheit, innerer Aufrichtigkeit und der Fähigkeit, Andere wirklich zu berühren, gerade weil man sich selbst berühren lässt. Es braucht Mut, sich verletzlich zu machen, aber noch mehr Mut braucht man, weiter eine Rolle zu spielen, in der man sich selbst nicht mehr spürt.

Schlusswort

Wenn du dieses Buch bis hierher gelesen hast, danke ich dir, für deine Offenheit, dein Vertrauen und deine Bereitschaft, dich selbst ein Stück weit neu zu entdecken.
„Das Ich in mir" ist kein abgeschlossenes Konzept, kein endgültiges Ziel. Es ist ein Weg, der sich mit jedem Gedanken, jedem Gefühl, jeder bewussten Entscheidung neu formt.

Vielleicht hast du beim Lesen Parallelen zu deinem eigenen Leben entdeckt. Vielleicht hast du dich getraut, Fragen zu stellen, die du lange verdrängt hast. Vielleicht bist du sogar einen ersten Schritt gegangen, hin zu dir selbst.

Dieses Buch ist mein Versuch, offen und ehrlich zu sein. Nicht als Lehrer, sondern als Mensch, als jemand, der selbst sucht, zweifelt, liebt und wächst. Ich glaube daran, dass unsere Geschichten nicht dazu da sind, in uns zu bleiben, sondern geteilt zu werden, weil genau darin Heilung liegt, Kraft und Verbindung.